2

학생용 워크북

학습치료 프로그램

주의집중력 향상 전략

최정원 · 이영호 공저

학지사

머리말

좋은 학업 성취를 위해서는 평균 이상의 지능, 학습능력, 공부에 필요한 구체적인 인지적 기술을 적절히 갖추고 있어야 한다. 이와 아울러 학습에 대한 긍정적인 생각과 태도, 목표의식, 동기 수준, 안정감, 자기 조절, 좌절을 견디는 힘, 노력과 끈기, 유연하고 창의적인 사고 및 자율성 등의 심리적 특성도 매우 중요하다.

예컨대, 지능이 우수하다고 할지라도 학습 동기가 부족하다면 결과적으로 좋은 성적을 거두기 어렵다. 또한, 지능과 학습 동기는 충분하지만 시험불안이 높은 경우와 학교, 또래관계 및 가족관계 등에서 스트레스와 심리적 불편감이 심한 경우에는 학습능률이 저하되며, 따라서 능력 발휘의 기회는 제한될 수밖에 없다.

학습치료 프로그램의 목표는 이와 같이 학업 성취에 영향을 미치는 다양한 원인들 간의 복합적인 관계를 파악하고 교정하여, 학업성취도를 향상시킬 수 있도록 하는 것이다. 이 프로그램은 총 12개 영역으로 구성되어 있으며, 그 내용은 다음과 같다.

1. 학습동기 향상 전략
2. 주의집중력 향상 전략
3. 기억력 향상 전략
4. 효과적인 읽기 및 필기 전략
5. 사고력 향상 전략
6. 효과적인 외국어 학습 전략 : 영어
7. 수학적 문제해결 전략
8. 기초학습능력 향상 전략
9. 시험불안 다루기 전략
10. 시험 전략
11. 효과적인 시간 및 공간 관리 전략
12. 학업 스트레스 관리 전략

주의집중은 학습이 이루어지는 시작 단계로부터 일정 시간 공부를 지속해 나가는 데 꼭 필요한 인지적 활동이다. 주의집중에 별다른 문제가 없는 경우에도 재미없는 과목을 오랜 시간 공부해야 하거나, 반복해야 할 때는 집중력이 떨어질 수 있다. 그러나 실제로 집중력의 문제가 두드러지는 경우에는 비록 흥미 있는 공부를 할 때라도, 또한 공부의 필요성을 절감하고 있을 때조차도 집중의 곤란으로 인해 어려움을 겪을 수 있다. 후자인 경우에는 특별히 자기 노력만으로는 한계가 있으며, 전문적인 개입과 훈련이 필요하다. 대표적으로 주의력결핍 과잉행동장애, 대부분의 학습장애의 경우는 효과적인 학습을 위해서 집중 훈련이 반드시 필요하다.

주의집중력 향상 전략은 주의집중 문제의 평가, 집중의 곤란을 야기하는 내・외적인 요인들의 탐색, 주의집중력 향상을 위한 실천 계획 및 전략 훈련을 통해 집중능력을 향상시키는 것을 목표로 한다. 세부 활동별로 약 43개의 프로그램이 단계별로 구분되어 있으며, 시각적 주의력 향상 프로그램, 청각적 주의력 향상 프로그램 및 인지행동적 요법을 통한 문제해결능력 향상 프로그램으로 구성되어 있다. 주의집중의 문제가 정서적 문제 등과 관련하여 이차적으로 발생하는 경우라면, 이에 대한 탐색이 선행되어야 하며, 학습장애에서 주의력 문제가 동반되는 경우에는 기초학습능력 향상 프로그램과 병행하는 것이 바람직하다.

2006년 7월

저자대표 최 정 원

e-mail: wise-mind@hanmail.net

차례

주의집중력 향상 전략

1. 주의집중력 평가 및 원인 탐색

2. 주의집중력을 향상시키기 위한 지침

3. 단계별 주의집중력 향상 전략

학생용 워크북

학습치료 프로그램

주의집중력 향상 전략

1. 주의집중력 평가 및 원인 탐색
2. 주의집중력을 향상시키기 위한 지침
3. 단계별 주의집중력 향상 전략

주의집중력 향상 프로그램의 내용 및 세부 활동

프로그램의 내용	세부 활동	
주의집중력 평가 및 원인 탐색	나의 집중력을 점검해 보기	
	집중을 방해하는 요인 탐색	
주의집중력을 향상시키기 위한 지침	집중력을 향상시킬 수 있는 7개의 카드	
	실천에 옮기기	
단계별 주의집중력 향상 전략	시각적 주의집중력 향상 (1단계 : freshman level)	• 열쇠 찾기 • 사람 찾기 • 숨은 그림 찾기 1 • 숨은 그림 찾기 2 • 숨은 그림 찾기 3 • 차이점 발견 : 공부방 • 차이점 발견 : 아이스크림 • 모순점 발견 1 • 모순점 발견 2 • 모순점 발견 3
	시각적 주의집중력 향상 (2단계 : sophomore level)	• 숫자 정글 • 길 찾기 • 그림 맞추기 • 도면 완성하기 • 띄어쓰기 교정 1 • 띄어쓰기 교정 2 • 오자 교정 1 • 오자 교정 2
	시각적 주의집중력 향상 (3단계 : junior level)	• 패턴 인식 1 • 패턴 인식 2 • 스토리 꾸미기 1 • 스토리 꾸미기 2 • 스토리 꾸미기 3

단계별 주의집중력 향상 전략	청각적 주의집중력 향상 (1단계 : freshman level)	• 듣고 따라 말하기 1 • 듣고 따라 말하기 2
	청각적 주의집중력 향상 (2단계 : sophomore level)	• 잘못 읽고 있는 부분 찾기 1 • 잘못 읽고 있는 부분 찾기 2
	청각적 주의집중력 향상 (3단계 : junior level)	• 듣고 생각해서 대답하기 1 • 듣고 생각해서 대답하기 2
	청각적 주의집중력 향상 (4단계 : senior level)	• 듣고 생각해서 대답하기 3 • 듣고 생각해서 대답하기 4
	인지행동적 요법을 통한 주의집중력 향상 (5단계 : honor's level)	• 자기교시적 문제해결 • 사고 중지법 : 생각 스스로 멈추기 • 자기통제적 시간 계획 : 공상을 위한 시간 • 문제해결 : 결과 예측 • 문제해결 : 원인 찾기 • 문제해결 : 해결책 찾기 • 문제해결 : 문제에 대한 예방 • 의사결정 : PMI

1. 주의집중력 평가 및 원인 탐색

1) 나의 집중력을 점검해 보기

다음 문장을 읽고, 자신에게 해당되는 번호에 표시해 보세요.

내 용	그렇지 않다	약간 그렇다	많이 그렇다	심하게 그렇다
차분하지 못하고 활동이 많다.	0	1	2	3
쉽게 흥분한다.	0	1	2	3
주의집중 시간이 짧다.	0	1	2	3
계획한 일을 끝내지 못한다.	0	1	2	3
안절부절못한다.	0	1	2	3
주변에서 나는 소리에 쉽게 주의가 분산된다.	0	1	2	3
하고 싶은 일이 있으면 미루지 못한다.	0	1	2	3
수업 시간에 딴 생각을 한다.	0	1	2	3
책상에 앉아 있어도 집중하는 시간이 짧다.	0	1	2	3
내 방은 정리가 안 되어 있다.	0	1	2	3

나의 총점 ________________점

점수가 16점 이상이면 집중력을 향상시키기 위한 훈련과 노력이 필요합니다.

※ 본 질문지는 집중에 대한 자기 평가를 돕기 위한 것이며, 주의집중력을 객관적으로 평가하는 도구는 아닙니다.

2) 집중을 방해하는 요인 탐색

오랜 시간 책상에 앉아 있어도 집중이 안 되어 학습 능률이 오르지 않는 경우가 많이 있지요? 집중할 수 없는 데는 여러 가지 원인들이 있습니다. 지금부터 그것에 관해 살펴볼 것입니다.

여러분은 어떤 경우에 해당되는지 생각하고 스스로 점검해 보세요. 자신에게 해당되는 또 다른 이유가 있다면 빈칸에 적어 보세요.

집중을 방해하는 요인을 탐색해 보기

내 용	그렇지 않다	약간 그렇다	많이 그렇다	심하게 그렇다
학습 목표가 없거나 불분명하다.	0	1	2	3
계획성이 부족한 학습 습관이 있다.	0	1	2	3
해야 할 일을 계속 미루는 습관이 있다.	0	1	2	3
공부 환경이 좋지 않다.	0	1	2	3
공부하는 내용이 이해가 잘 되지 않는다.	0	1	2	3
자기 관리를 잘 하지 못한다.	0	1	2	3
걱정거리와 고민이 많은 편이다.	0	1	2	3
기본적으로 집중력이 부족하다.	0	1	2	3
	0	1	2	3
	0	1	2	3
	0	1	2	3

집중을 방해하는 요인에 대한 방법을 찾아보기

2점 이상 체크한 항목에 대해서 살펴보세요.

학습 목표가 없거나 불분명하다.	학습 목표가 없거나 불분명하다면 고되고 힘든 공부에 집중하기가 어려워집니다. 자신이 무엇을 원하고 있으며, 무엇 때문에 공부를 하는지를 먼저 생각해야 합니다.
계획성이 부족한 학습 습관이 있다.	계획하지 않으면 늘 넘쳐나는 과제와 학습량에 쫓기게 됩니다. 해야 할 일들을 위한 시간을 따로 정해 두었을 때 과제에 집중하는 것이 보다 쉽고 학습 능률을 향상시킬 수 있습니다.
해야 할 일을 계속 미루는 습관이 있다.	계획한 일을 해 내지 못하고 계속 미루게 되면 압박감과 부담감은 더해지기 마련입니다. 이런 경우에도 공부에 집중하는 것이 어려울 수 있습니다.
공부하는 환경이 좋지 않다.	간혹 공부하는 환경이 적절하지 않은 경우도 있습니다. 소음 정도, 실내 기온, 공기, 조명, 책상의 정돈 상태, 편안함 등의 환경적 조건을 고려하는 것도 필요합니다.
공부하는 내용이 이해가 잘 되지 않는다.	공부한 내용을 이해하지 못할 때는 당연히 집중하는 것이 어렵습니다. 어떤 과목에서 특히 집중에 어려움이 있는지를 확인해 보세요.
자기 관리를 잘 하지 못한다(신체적 건강, 식습관, 생활습관 등).	몸과 마음은 따로 분리될 수 없습니다. 집중력을 향상시키기 위해서는 우선 심신의 건강 상태가 좋아야 합니다. 규칙적이고 적당한 운동, 휴식, 수면, 식사 시간, 자극적인 음식의 절제 등 일상생활에서 자기를 관리하는 노력이 필요합니다.
걱정거리와 고민이 많은 편이다.	걱정과 고민이 있을 때는 당연히 공부에 집중하는 것이 어렵습니다. 안절부절못하거나, 침울한 기분 상태에 빠져 지나치게 잠을 많이 자거나, 지각이나 결석이 잦아지는 등 여러 가지 문제를 일으킬 수 있습니다. 지금 자신의 걱정과 고민이 무엇인지 점검해 보세요.
기본적으로 집중력이 부족하다.	성격에도 차이가 있듯이 주의집중능력에도 차이가 있을 수 있습니다. 집중을 아무리 잘 하고 싶어도 본인의 노력만으로 어렵다고 느낀다면 전문가와 상의하여 효과적인 방법을 찾아야 합니다.

2. 주의집중력을 향상시키기 위한 지침

1) 집중력을 향상시킬 수 있는 일곱 개의 카드

일상생활에서 실천을 통해 집중력을 향상시킬 수 있는 방법이 여기 있습니다. 내용을 잘 살펴보고 생활 속에서 실천해 보세요.

첫 번째 카드

가능한 한 공부하는 장소를 따로 정해 두고, 그곳에서만 공부하기

자신이 공부하기에 좋은 장소를 가지고 있나요? 그런 장소는 다음과 같은 조건들을 갖추고 있는 것이 바람직합니다.

- 조용한 곳(외부에서의 소리나 TV, 음악 소리 등이 많은 곳은 피할 것)
- 적합한 조명
- 환기나 통풍이 잘 되는 곳
- 편안한 의자, 그러나 지나치게 푸근한 의자는 피할 것
- 공부하는 책이나 자료들이 정리가 잘 되어 있는 곳
- 학습에 필요한 자료를 필요할 때 늘어 놓기에 충분한 책상

두 번째 카드

공부해야 할 분량을 작은 단위로 나누고, 각각의 작은 목표를 세우기

분량과 목표가 지나치게 방대하면 실패로 이어질 확률이 높아지고, 지치고 좌절감을 경험하기 쉽습니다. 반면, 작은 단위로 나누게 될 경우, 성취감을 높이며, 공부를 위한 시간 관리를 더욱 효과적으로 할 수 있게 됩니다. 공부하는 시간은 학년과 개인차가 있지만, 대체로 한 번에 50분씩 두세 번 가량 나누어 하는 것이 좋습니다.

세 번째 카드

공상과 딴 생각을 위한 시간을 할당하기

만약 딴 생각이 많이 나거나 공상이 많아질 때는 보던 책을 덮고 한쪽으로 치우세요. 집중도 안 되고 싱숭생숭한 마음을 탓하며, 눈에 들어오지 않는 책을 그저 바라보지 마세요. 그렇게 하면 공부하는 것이 공상이나 죄책감 등과 연결될 가능성이 많아지니까요. 공상이 떠오르고, 또 그것이 쉽게 포기될 것 같지 않으면 방을 떠나지는 말되, 책을 덮고 일어서서 잠시 공상을 즐기세요. 물론, 계획하에 그렇게 하는 것이 더 좋습니다. 그리고 준비가 되었을 때 다시 책상으로 돌아가세요. 또한 스트레칭과 같은 가벼운 운동 역시 여러 가지 생각을 떨쳐버리는 데 도움이 됩니다.

네 번째 카드

반드시 지켜야 할 약속처럼 공부 시간을 지키기

보통 어떤 행동들은 하루 중 어떤 때에 자동적으로 나타납니다. 자신의 하루 일과를 주의 깊게 살펴보면 어떤 특정 시간에 대체로 하던 일을 습관적으로 반복한다는 것을 알 수 있습니다. 예컨대, 수업 시간에 매번 조는 것을 반복하면, 수업 시간만 되면 잠이 오게 됩니다. 잠들기 전에 매번 컴퓨터 게임을 했다면, 하지 않으면 어딘가 허전합니다. 공부도 예외가 아닙니다. 약속처럼 공부 시간을 지켜 늘 하던 시간에 지속하면 점차 우리의 몸과 뇌가 공부에 익숙해집니다. 그렇게 되면 그 시간만 되면 공부를 시작하기도 쉽고, 공부를 방해할 수 있는 많은 장애물로부터 보다 자유로이 공부에 집중할 수도 있게 됩니다. 이것은 뇌에 대한 과학적 발견과 지식을 일상생활에 적용한 것의 한 예입니다.

다섯 번째 카드

공부를 하기에 앞서 쉽게 마무리할 수 없는 다른 일을 시작하지 말기

보통 깔끔하게 마무리되었거나 끝마친 일보다는, 하다가 만 일이나 마무리짓지 못한 일이 더 많이 생각납니다. 즉, 마무리되지 않는 활동들은 머릿속에 더 오래 남아 궁금증이나 호기심을 자극하고 공부에 지장을 줍니다. 자극적인 공포 영화, 몇 개월이고 지속되는 TV 연속극, 컴퓨터 게임 등은 그래서 좋지 않습니다.

여섯 번째 카드

공부할 때 연필, 노트 및 메모지를 항상 준비해 두기

집중력을 높일 수 있는 또 다른 요령 중의 하나는 항상 가까이에 연필과 메모지를 준비해 두는 것입니다. 좋은 아이디어든, 해야 할 일이든, 준비물이든, 공상이든 기록하는 습관은 생각을 정리하고 조직화하는 능력을 키우며, 생활을 질서 있게 유지하는 데도 도움을 줍니다.

일곱 번째 카드

공부를 시작하기에 앞서 과도한 불안과 긴장 풀기

적당한 불안과 긴장은 집중력을 높이고 학업 수행에 도움을 줍니다. 그러나 그 정도가 지나치면 오히려 집중에 어려움이 생기고, 머릿속이 복잡해지면서 정리정돈이 잘 안 되고, 기억력이 떨어지고, 피로감이 증가하는 등 여러 가지 불편을 야기합니다. 따라서 지나치게 긴장된 상태라면 책상에 앉아 있기보다는 차라리 가벼운 운동을 하거나, 좋아하는 음악을 들으면서 긴장을 풀어 주는 것이 좋습니다. 불안이 심하고 이로 인해 공부나 시험에 지장을 받는다면 학습능력 향상 프로그램 학생용 워크북의 '시험불안 다루기 전략'을 활용하세요.

2) 실천에 옮기기

7개 카드의 내용을 실천하고 실천 정도와 집중 효과를 스스로 평가해 보세요. 실천 정도와 집중 효과는 0～100%로 기록하세요(1주～2주).

내 용	주	월		화		수		목		금		토		일	
		실천정도	집중효과	실천정도	집중효과	실천정도	집중효과	실천정도	집중효과	실천정도	집중효과	실천정도	집중효과	실천정도	집중효과
가능한 한 공부하는 장소를 따로 정해 두고 그곳에서만 공부하기	1주														
	2주														
공부해야 할 분량을 작은 단위로 나누고 각각의 작은 목표를 세우기	1주														
	2주														
공상과 딴 생각을 위한 시간을 할당하기	1주														
	2주														
반드시 지켜야 할 약속 시간처럼 공부 시간을 지키기	1주														
	2주														
공부를 하기 전에 쉽게 마무리될 수 없는 다른 일을 시작하지 말기	1주														
	2주														
공부할 때 연필, 노트 및 메모지를 항상 준비해 두기	1주														
	2주														
공부를 시작하기에 앞서 과도한 불안과 긴장 풀기	1주														
	2주														

7개 카드의 내용을 실천하고 실천 정도와 집중 효과를 스스로 평가해 보세요. 실천 정도와 집중 효과는 0~100%로 기록하세요(3주~4주).

내 용	주	월		화		수		목		금		토		일	
		실천정도	집중효과	실천정도	집중효과	실천정도	집중효과	실천정도	집중효과	실천정도	집중효과	실천정도	집중효과	실천정도	집중효과
가능한 한 공부하는 장소를 따로 정해 두고 그곳에서만 공부하기	3주														
	4주														
공부해야 할 분량을 작은 단위로 나누고 각각의 작은 목표를 세우기	3주														
	4주														
공상과 딴 생각을 위한 시간을 할당하기	3주														
	4주														
반드시 지켜야 할 약속 시간처럼 공부 시간을 지키기	3주														
	4주														
공부를 하기 전에 쉽게 마무리될 수 없는 다른 일을 시작하지 말기	3주														
	4주														
공부할 때 연필, 노트 및 메모지를 항상 준비해 두기	3주														
	4주														
공부를 시작하기에 앞서 과도한 불안과 긴장 풀기	1주														
	2주														

3. 단계별 주의집중력 향상 전략

1) 시각적 주의집중력 향상(1단계 : freshman level)

(1) 열쇠 찾기

각 방에 맞는 열쇠를 찾아보세요.

1번 방 : ______________________

2번 방 : ______________________

3번 방 : ______________________

4번 방 : ______________________

5번 방 : ______________________

(2) 사람 찾기

선생님께서 불러 주는 사람이 어디에 있는지 찾아 말해 보세요.

(3) 숨은 그림 찾기 1

숨은 그림을 찾고 위치를 말로 설명해 보세요.

(4) 숨은 그림 찾기 2

숨은 그림을 찾고 위치를 말로 설명해 보세요.

(5) 숨은 그림 찾기 3

숨은 그림을 찾고 위치를 말로 설명해 보세요.

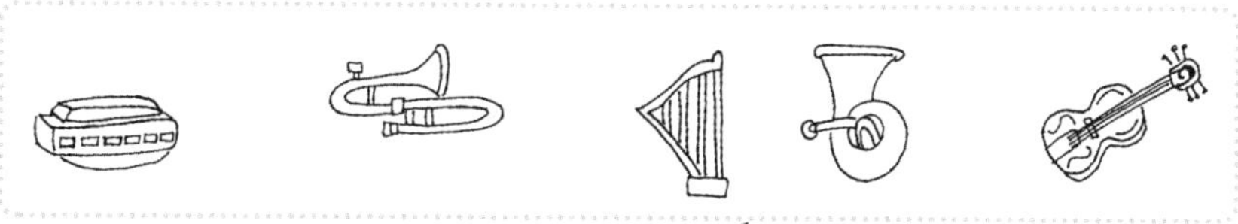

(6) 차이점 발견 : 공부방

10군데가 다릅니다. 어디가 어떻게 다른지 찾아서 말해 보세요.

(7) 차이점 발견 : 아이스크림

12군데가 다릅니다. 어디가 어떻게 다른지 찾아서 말해 보세요.

(8) 모순점 발견 1

다음 그림에서 잘못된 것 한 가지는 무엇일까요?

(9) 모순점 발견 2

다음 그림에서 잘못된 것 한 가지는 무엇일까요?

(10) 모순점 발견 3

다음 그림에서 잘못된 것 세 가지는 무엇일까요?

2) 시각적 주의집중력 향상(2단계 : sophomore level)

(1) 숫자 정글

다음과 같은 순서로 숫자를 찾아가 보세요.

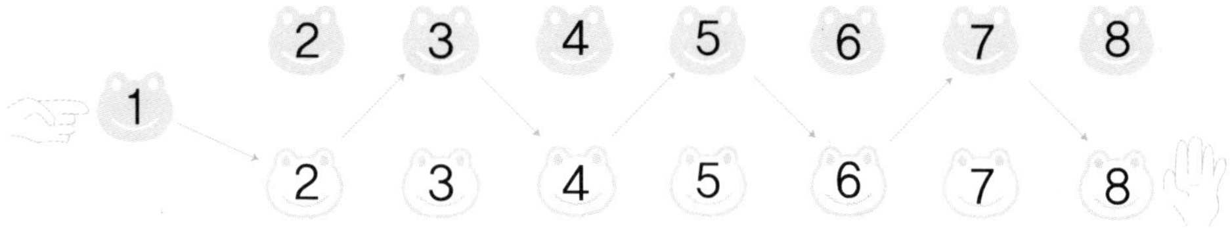

앞에서 연습한 대로 순서를 찾아가 보세요.

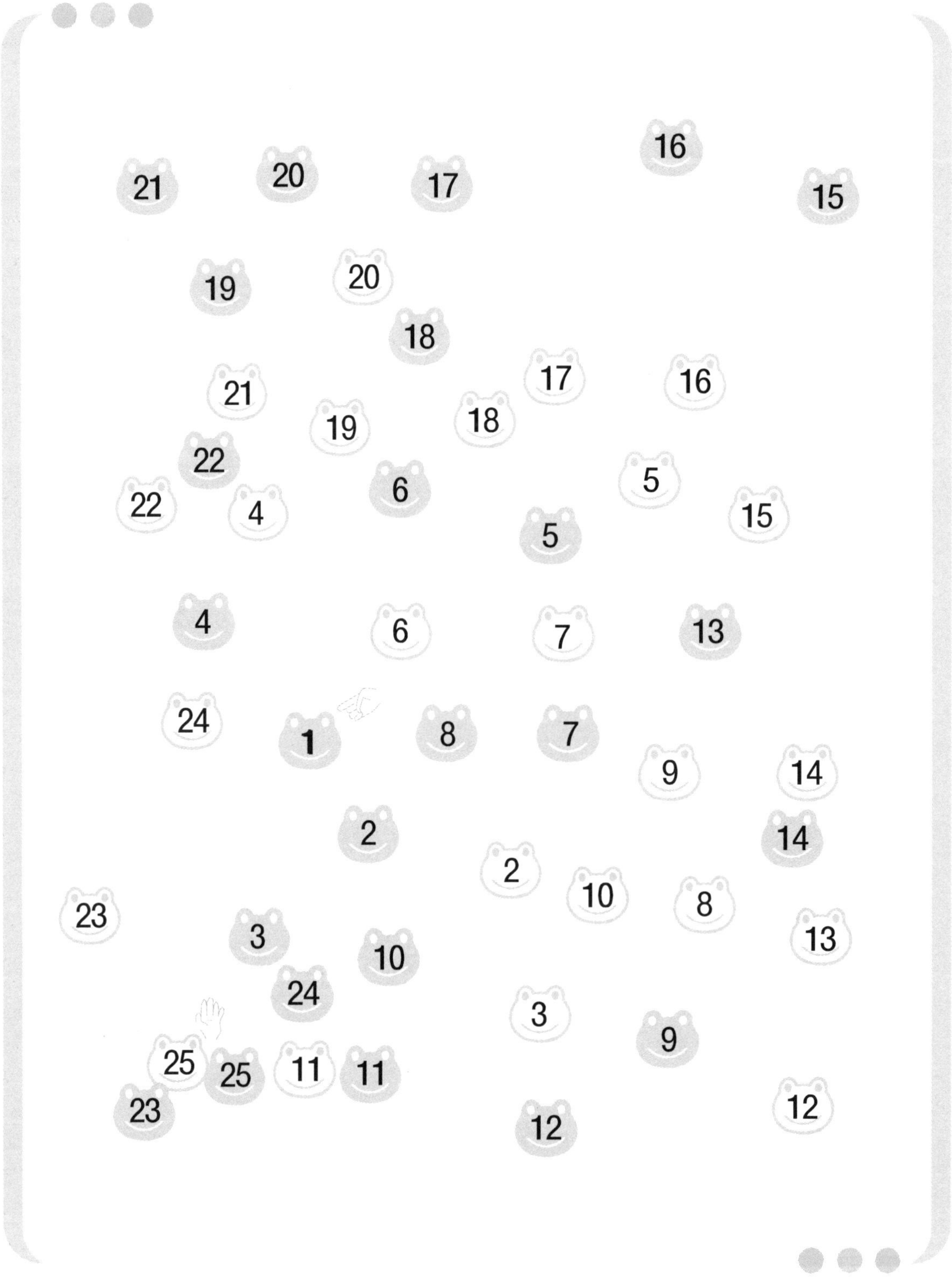

(2) 길 찾기

각각의 길이 어디를 나타내는지 큰 지도에서 찾아 표시해 보세요.

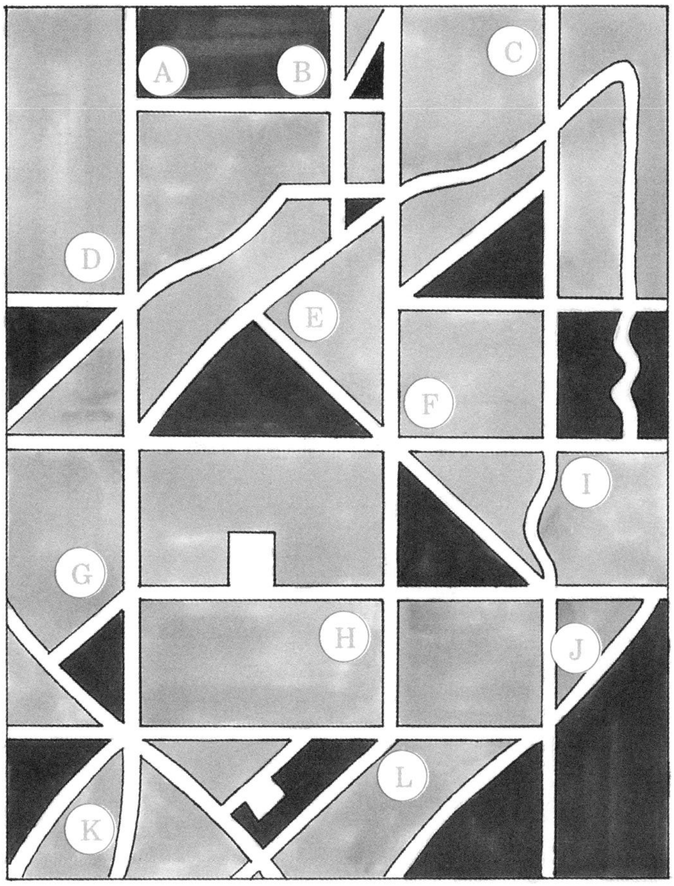

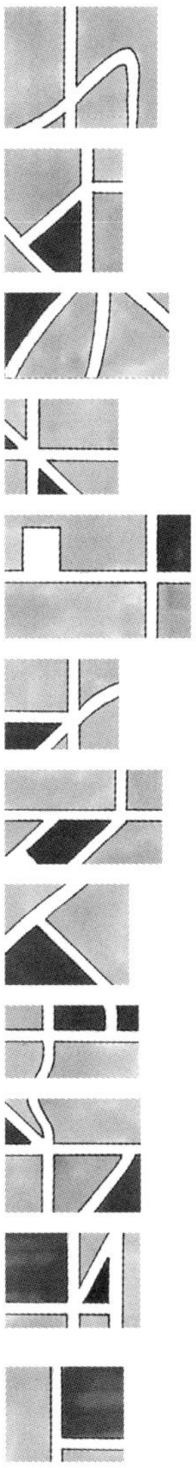

1 C
2 ____
3 K
4 ____
5 ____
6 ____
7 ____
8 ____
9 ____
10 ____
11 ____
12 ____

(3) 그림 맞추기

그림을 순서대로 잘 맞춰 보세요.

e[1)]	&	o	r	l[2)]	v	e[2)]	n	l[1)]	a
___	___	___	___	___	___	___	___	___	___
1	2	3	4	5	6	7	8	9	10

(4) 도면 완성하기

오른쪽에 똑같이 대칭으로 그림을 그려 집을 완성해 보세요.

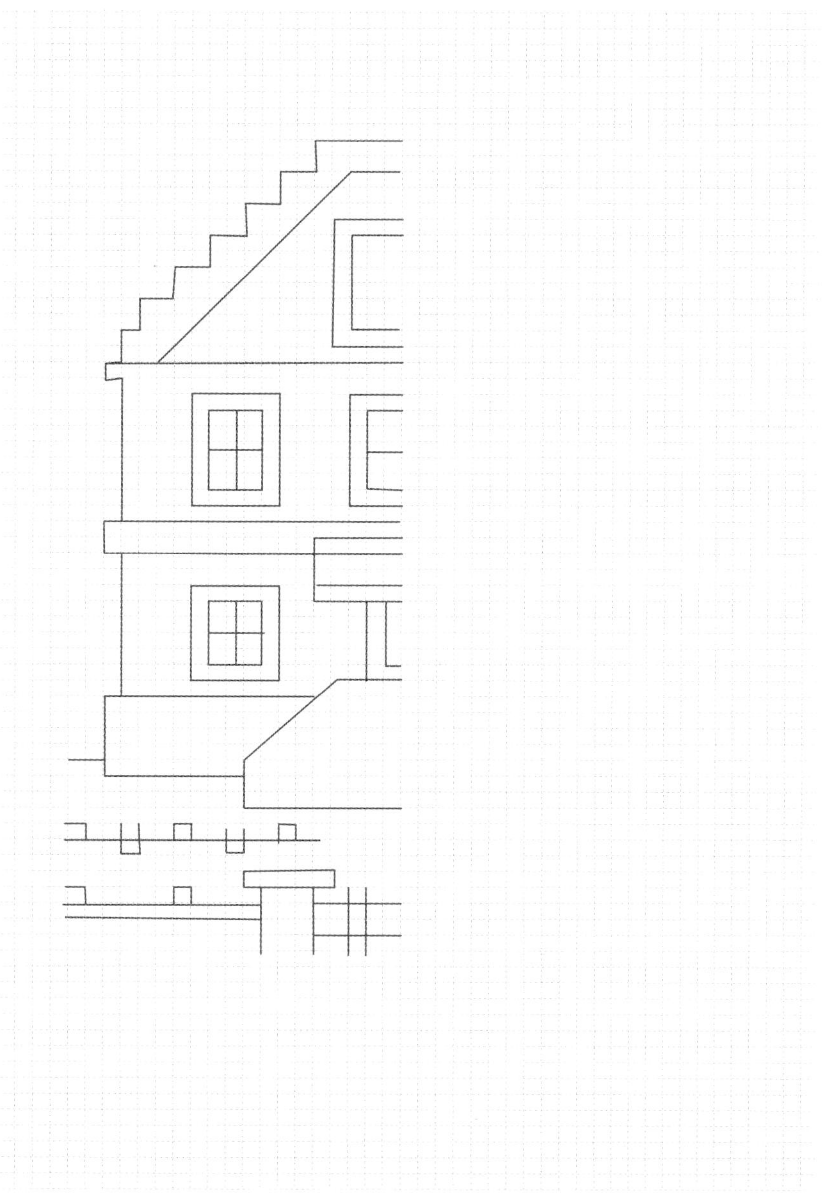

(5) 시지각적 집중 및 추론 : 띄어쓰기 교정 1

다음 글을 읽으면서 띄어쓰기를 해야 할 부분에 ✔표시해 보세요.

1. 수성은태양에서가장가까우며,명왕성에이어두번째로작은행성이다.

2. 토성은태양계에서가장아름다운행성이며,여러가지색깔의고리를가지고있다.고리는얼음덩어리로이루어져있다.

3. 애니메이션은원래'무생물에영혼을불어넣는다.'는뜻이다.애니메이션은장면장면을그림으로그리거나오브제(물체)를이용하여한장면씩완성한후촬영하여만든다.

4. 외국에나가보면우리나라에대한외국사람들의태도를잘느낄수있습니다.우리나라의경제사정이좋았을때는외국에들어가는허락을받기쉬웠고외국사람이우리를대하는태도도친절하고공손했습니다.

5. 화가이자조각가,과학자였던레오나르도다빈치는주로사실적인그림을그렸으며자연을정밀묘사하였다. '열매가달린오크나무잎' 이라는작품은그가남긴여러가지식물스케치중하나로,식물의복잡한모양을자세히관찰하고섬세하게그렸다.

[출처 : 초등5 과학 · 미술 · 도덕 교과서]

(6) 시지각적 집중 및 추론 : 띄어쓰기 교정 2

다음 글을 읽으면서 띄어쓰기를 해야 할 부분에 ✔표시해 보세요.

1

19세기후반러시아의귀족청년과학생들에의해전개된농촌운동, '브나로드(Vnarod)' 란러시아말로 '민중속으로' 라는뜻이다.

2

좋아하는여학생앞에서공연히가슴이두근거려서말한마디건네지못한채그냥도망가고싶다는이소년의고백보다더아름다운시가있을까?

3

해마나봄이되면민들레를생각하는나의마음에도촉촉한봄비가내린다. 봄비를머금고배시시웃으며피어날그노란꽃과의만남에소녀의가슴은벌써부터설레기시작한다. 하늘에는중홍의도포를펄럭이는따스한해가비친다.

4

그러면서도나는이미사랑의포로가되어있었고,그사슬을도저히풀어낼수없었다. 비록비극을초래할망정햄릿의오필리어나오셀로의데스데모나같이극히인간적인사랑을원했던나의꿈은어떤절대의힘에의해여지없이무너지고말았다.

5

시장의집에도착하자마자만카는소리쳤습니다. "시장님,저여기왔어요!밤도아니고낮도아닌때에,걷지도않고그렇다고무엇을타고온것도아니고,옷을입은것도아니고그렇다고벌거숭이도아닌모습으로왔어요."

[출처 : 중2 국어 교과서]

(7) 시지각적 집중 및 추론 : 오자 교정 1

다음 글을 읽으면서 잘못 쓰인 글자를 찾아 교정하세요.

1

나는 크다란 그늘이 돼고 싶다.
여름날 더위에 기친
사람들과 돔물들, 그리고
여린 플과, 여린 개미, 풀무치, 여치….
그늘에게 시원한 그들이 돼고 싶다.

－시 '그늘' 중에서－

2

셀러드는 잘 먹어도
김치는 시러하는 아그들아.
캐참은 잘 먹어도
된장, 꼬추장은 실허하는 아기들아.

닥 한번만이라도 조으니
된장, 꼬추장애 푸르뎅뎅한 픗꼬추를
푹 쨱어 머거 보자.

－시 '김치를 싫어하는 아이들아' 중에서－

3

씹던 곰을 아무 대나 퉈 뱉지 못하고
종이에 싸서 스레기통으로 달려가는
너는 참 보바다.

개규멍으로 속 빠져 나가면 금벙일 것을
비잉 도라서 고문으로 다니는
너는 참 바보다.

－시 '넌 바보다' 중에서－

[출처 : 초등6 국어 교과서]

(8) 시지각적 집중 및 추론 : 오자 교정 2

다음 글을 읽으면서 잘못 쓰인 글자를 찾아 교정하세요.

1

바로라고 불러도 화네지 안코
씨익 우서 버리고 마는 너는
정말 증말 바보다.
그럼 난 모냐?
그런 네가 조아서 그림자초럼
네 뛰를 졸졸 따라다니는
나는?

-시 '넌 바보다' 중에서-

2

길을 가다 문뜩
혼자 놀구 있는
아그새를 만나면
다가가 그 겨테
가마니 서 보고 싶따.

입들이 다 지고
하늘이 하나
빈 가지 끄테 걸려
떨고 있는 그런 가을날.

-시 '길을 가다' 중에서-

3

요즘 미르는 주의를 뱀돌다 친해지는 대 실폐한 몃몃 여자 에들은 미르를 건방지고 잘난 척하는, 제수 엄는 아이라고 떠들어 대고들 있다. 그 애들에게 미르는 이숍 우화에 나오는, 여우가 따 먹을 수 업는 포도 가튼건 아닐까?

-소설 '소희의 일기장' 중에서-

[출처 : 초등6 국어 교과서]

4

욜심히 숙쩨할 때
놀자고 차자온 너,
숙제 쫌 미루어도
엄마는 나를 사랑하시지만
안 노라주면
너는 너무 서운할 거야.
너랑 실컨 놀다가
잠 쫓아지는 밤 숙재를 한다.
그레도 좋은 나의 칭구야.

-시 '그래서 좋은 나의 친구야' 중에서-

5

술 조아하는 아빠가 포장이사에 갈 때
그림 일기 그리다 말고 나도 따러나선다.
아빠는 똥집 안주로 쏘주 한 병 마시고
살작 대친 골뚜기 한 접시는 내 차지다.
"골뚜기처럼 생긴 에가 골뚜기를 참 조아하네."
포장마차 할모니는 아빠를 본 채도 안 하고
골뚜기 먹는 나만 보라본다.
"어물전 망신은 골뚜기가 다 시킨다더니
우리집 망신은 요놈이 다 시키누나."
아빠는 호호 웃으며 술잔을 비운다.

-'딸에게 온 연애편지' 중에서-

6

초등학교 씨절, 나는 숟기가 업서서 누구에게든 의사 표시를 재대로 하지 못했다. 선생님깨서 이러나서 책을 일그라고 하시면 괸스레 눈물만 졸졸 흘렸다. 그럴 떼면 선생님깨서는 네 머리를 쓰다드머 주신 후, 다른 아이애게 책일기를 시키곤 하셨다.

-'글쓰기와 다듬기' 중에서-

[출처 : 초등6 · 중2 국어 교과서]

3) 시각적 주의집중력 향상(3단계 : junior level)

(1) 시지각적 집중 및 추론 : 패턴 인식 1

다음에 제시된 기호, 글자, 숫자를 보고 그 뒤에 올 두 가지가 무엇인지를 생각해서 답하세요.

□ △ □ □ △ □ □ □ △	
● ● ○ ◎ ○ ● ● ○ ◎	
⊂ ⊃ ∪ ∩ ⊂ ⊃ ∪ ∩	
♡ ♡ ♥ ♠ ♠ ♤ ♡ ♡ ♥ ♠	
☆ ☆ ♡ ★ ★ ♥ ☆ ☆ ♡	
▤ ▥ ▤ ▤ ▥ ▥ ▤ ▤ ▤ ▥	
※ ※ ≫ ≫ ≫ ※ ※ ※ ≫ ≫ ※	
□ △ ∵ □ △ ∵ ∵ □ △ ∵ □	
☺ ☻ ☺ ☺ ☻ ☻ ☺ ☺ ☺ ☻	
☜ ☜ ☞ ☞ ☞ ☜ ☜ ☜ ☞ ☞ ☞	
㉠ ㉡ ㉢ ㉣ ㉮ ㉯ ㉰ ㉱ ㉤ ㉥	
ⓔ ⓕ ⓖ ⓘ ⓘ ⓗ ⓘ ⓙ ⓘ ⓘ ⓚ	
① ③ ⑤ ⑦ ⑨ ⑪ ⑬	
① ④ ⑦ ⑩ ⑬	
② ② ④ ③ ③ ⑤ ④ ④ ⑥	

(2) 시지각적 집중 및 추론 : 패턴 인식 2

다음에 제시된 기호, 글자, 숫자를 보고 그 뒤에 올 두 가지가 무엇인지를 생각해서 답하세요.

○ ○ △ ○ ○ ▼ ○ ○ △ ○	
◉ ◈ ▣ ◉ ▣ ◈ ◉ ◈ ▣ ◉	
♡ ♥ ♤ ♠ ♥ ♡ ♠ ♤ ♡ ♥	
☺ ☺  ☻ ☺ ☺ ☺  ☻	
□ □ ▫ ◦ ○ ◯ □ □ ▫ ◦	
⬅ ⬆ ➡ ⬇ ⬅ ⬆	

♩ ♩. 𝅗𝅥 𝅗𝅥 ♩. ♩ ♩ ♩.	
♬ ♫ 𝄞 ♪ ♬ 𝄢 ♬ ♫ 𝄞	
☃ ☂ ☁ ☂ ☁ ☃ ☃ ☂ ☁ ☂	
가 나 다 가 라 마 가 바 사	
㉮ ㉳ ⓒ ㉴ ㉵ ⓑ ㉶	
㉠ ㉡ ㉯ ㉮ ㉢ ㉣ ㉱ ㉰	
ⓐ ⓐ ⓑ ⓐ ⓐ ⓐ ⓒ ⓐ ⓐ ⓐ	
① ② ③ ④ ② ③ ④ ⑨ ③ ④	

(3) 스토리 꾸미기 1

다음 그림을 보고 어떤 이야기인지 순서대로 말해 보세요.

a

b

c

d

____ ____ ____ ____

1 2 3 4

(4) 스토리 꾸미기 2

다음 그림을 보고 어떤 이야기인지 순서대로 말해 보세요.

a

b

c

d

___ ___ ___ ___

1 2 3 4

(5) 스토리 꾸미기 3

다음 그림을 보고 어떤 이야기인지 순서대로 말해 보세요.

____ ____ ____ ____ ____ ____

1 2 3 4 5 6

4) 청각적 주의집중력 향상(1단계 : freshman level)

(1) 듣고 따라 말하기 1

들려주는 문장을 잘 듣고 그대로 따라 말해 보세요.

1

2

3

4

5

6

7

8

9

10

(2) 듣고 따라 말하기 2

들려주는 문장을 잘 듣고 그대로 따라 말해 보세요.

1

2

3

4

5

6

7

8

9

5) 청각적 주의집중력 향상(2단계 : sophomore level)

(1) 잘못 읽고 있는 부분 찾기 1

들려주는 글을 잘 듣고 잘못 읽고 있는 부분을 찾아서 표시하세요.

1. 운동을 한 후에 호흡이 불규칙적으로 빨라지는 이유는 우리 몸에 산소가 많이 필요해져서 필요한 산소를 빨리 공급하기 위해서다.

2. 소화 불량이나 설사는 음식물과 함께 유해한 세균이 우리 몸에 들어올 때나 불규칙한 식사를 할 때, 또는 식사량이 지나치게 많을 때 일어날 수 있다.

3. 우리 속담에 '아니 땐 굴뚝에 연기 나랴?' 라는 속담이 있는데, 이와 비슷한 영어 속담이 있다. 'Where there is smoke, there is fire.'

4. 오페라는 하나의 이야기를 노래, 대사, 몸짓, 무용 등으로 표현하는 종합 무대 예술로, '가극' 이라고도 한다. 뮤지컬은 노래와 춤이 중심이 되어 무용과 연극적인 요소가 조화를 이룬 현대적인 음악극이다.

5. 오스트레일리아는 18세기 말경 영국인 제임스쿡의 탐험으로 알려지게 되었다. 오스트레일리아는 풍부한 지하자원을 가지고 있어서 마치 거대한 광산과 같은 나라다.

[출처 : 초등6 과학·음악·사회·영어 교과서]

6

원뿔은 밑면이 원이고 옆면이 곡면인 뿔 모양으로 이루어져 있다. 원뿔의 뾰족한 점을 원뿔의 꼭지점이라 하고, 원 모양의 평면을 밑면이라고 하며, 곡면인 면을 옆면이라고 한다.

7

웨스트사이드 스토리는 세익스피어의 비극 '로미오와 줄리엣' 을 현대적인 배경으로 내용을 바꾼 것으로, 뉴욕의 뒷골목 웨스트사이드를 무대로 불량 청소년 집단의 싸움에 말려든 토니와 마리아의 비극적인 사랑에 관한 이야기다.

8

설계도는 실제 표현 작업에 필요한 준비와 계획, 생각 등을 자세히 기록하고 그림으로 나타낸 것이다. 주로 건축 조형물을 디자인할 때 필요하며, 이를 통해 건축물의 형태, 재료, 색, 치수, 구조, 설치 방법, 활동, 일정 등을 자세히 알 수 있다.

9

평판화라고도 하는 모노타이프는 평평한 면에 잉크를 묻혀 찍어 내는 방식이다. 물과 기름의 반발 원리를 이용한다. 펜이나 붓 등의 터치가 그대로 살아나 회화적인 표현이 가능하다. 일반 판화와 다른 점은 밑그림을 그리지 않기 때문에 단 한 장 밖에 찍을 수 없다는 것이다.

10

한국 전통 음악을 소개하는 자리에서 자주 볼 수 있는 공연의 하나가 사물놀이다. 사물놀이는 꽹과리, 북, 장구, 징 등 네 가지의 타악기만으로 구성된 놀이인데, 이는 예로부터 널리 행해진 풍물놀이에 뿌리를 두고 있다. 풍물놀이는 농악을 달리 이르는 말인데, 농사와 직접 관련하지 않고도 널리 행해지기 때문에 풍물놀이라는 말이 많이 사용되고 있다.

[출처 : 초등6 수학·음악·미술 교과서]

(2) 잘못 읽고 있는 부분 찾기 2

들려주는 글을 잘 듣고 잘못 읽고 있는 부분을 찾아서 표시하세요.

1

마법의 왕국에서 이집트 왕자 타미노는 밤의 여왕의 딸인 파미나의 사진을 보고 사랑에 빠진다. 이때 밤의 여왕이 나타나 악마에게 잡혀 있는 자기 딸을 구해 달라고 한다. 타미노에게는 마술 피리를 주고, 새잡이 파파게노에게는 은으로 만든 마법의 종을 주고, 세 소년의 도움을 받게 한다. 우여곡절 끝에 밤의 여왕이 악인임이 드러나고 지옥에 떨어진다. 그리고 타미노와 파미나는 결혼식을 올린다. -오페라 '마술피리' 줄거리-

2

옛날 어느 마을에 가난한 선비가 살았는데, 하루는 친구 집에서 아들을 장가 보낸다는 소식을 들었습니다. 가서 축하해 주는 것이 마땅하겠으나 당장 입고 갈 옷 하나 변변치 않아 선물만 보내기로 하였습니다. 선물이라고 하지만, 가난한 살림이라서 별다른 것을 보낼 수도 없었습니다. 그러나 축하하는 마음만은 누구 못지 않았습니다. 가난한 선비는 달걀 열두 개를 사람 편에 보내면서 편지를 썼습니다. "자네가 며느리를 맞이 한다니 얼마나 기쁜 일인가? 여기 막 부화하려는 달걀 열두 개로 삼가 축하의 뜻을 전하네. 신랑 신부가 이 달걀처럼 둥글고 알차게 살기를 바라네. 또 달걀이 열둘이니 열두 달 내내 복을 받고, 자손도 병아리만큼 많이 두고, 그 병아리가 자라듯 살림도 번창하기를 바라네. 겉으로 백옥 같고 속은 황금과 한 가지이니, 옥으로 받아서 황금처럼 쓰시게." 선물과 편지를 받은 신랑 아버지는 무척 기뻤습니다. "아, 세상에 이보다 더 큰 축하의 뜻이 담긴 선물이 어디 있겠는가? 이 편지를 가보로 남겨 두리라." 그러면서 혼례를 마치면 술자리를 한번 마련하겠다고 답장을 써서 보냈습니다. 가난한 선비는 자기의 마음을 알아주는 친구가 무척 고마웠습니다. 달걀 열두 개로 두 사람의 우정이 더욱 두터워졌습니다. -달걀 열 두 개로 한 축하-

[출처 : 초등6 국어 교과서]

3

우리말에는 눈을 가리키는 다양한 말이 있습니다. 빗방울이 하늘에서 갑자기 찬바람을 만나면 부스러진 쌀 모양의 눈이 됩니다. 이런 눈을 싸라기눈이라고 부릅니다. 부스러진 쌀을 싸라기라고 하는데, 눈이 싸라기 모양을 하고 있다고 해서 그렇게 부르는 것입니다. 줄여서 싸락눈이라고도 합니다. 가늘게 내리는 비를 가랑비라고 하지요. 가랑비처럼 조금씩 잘게 내리는 눈은 가랑눈이라고 합니다. 가랑눈과 비슷한 가루눈이라는 것도 있습니다. 가루 모양으로 내린다고 해서 가루눈이라고 하는데, 날이 춥고 건조할 때에 볼 수 있습니다. 반대로, 탐스럽고 굵게 내리는 눈이 있습니다. 그것을 함박눈이라고 합니다. 갑자기 세차게 쏟아지다가 곧 그치는 비를 소나기라고 합니다. 소나기처럼 갑자기 많이 내리는 눈을 소나기눈이라고 하는데, 흔히 폭설이라고도 합니다. 비와 섞여서 내리는 눈도 있습니다. 이런 눈을 진눈깨비라고 부릅니다. 물기가 많은 밥을 진밥이라고 하듯이, 눈에 물기가 많아 진눈깨비라고 합니다. 그런가 하면, 비가 섞이지 않고 온전히 눈만 내릴 때가 있습니다. 이렇게 내리는 눈은 마른눈이라고 합니다. 이 마른눈이 내려야 눈꽃을 볼 수가 있습니다.

–'저 눈은 무슨 눈' 중에서–

4

"너 남학생한테서 연애편지 받았지?" 나는 시치미를 뚝 떼고 이렇게 말했다. 딸은 내 얼굴을 빤히 바라보며 생긋 웃었다. "아빠, 어떻게 알았어요?" 아비와 자식 사이에는 정말 텔레파시라는 게 있는 것일까? 딸은 제 방으로 가서 편지 하나를 가지고 나왔다. "아빠, 여기." 편지를 건네주는 딸이 대견하다는 생각을 하면서 편지 봉투를 열었다. 남학생한테서 처음으로 편지를 받은 내 딸을 축복하듯 밝은 햇살이 거실 가득 쏟아져 들어왔다. 그러나 편지를 펴서 본 나는 정신이 아득해졌다. 그 편지의 첫 장은 알 수 없는 부호로 시작되고 있었다. (중략) 오후가 되어 중학생인 아들이 학교에서 돌아오자, 그 편지를 보여 주었다. 아들은 그것을 보더니 모스 무선 전신 부호라고 금방 알아보았다. 소년 소녀 백과사전에서 그런 부호를 본 적이 있다고 했다. 아들 녀석은 제 방으로 가서 한 시간도 더 넘게 뜸을 들이더니, 마침내 신비한 편지를 해석해 가지고 나에게로 왔다. 아들이 풀어 낸 편지는 이런 말이었다.

'가혜, 안녕? 비록 짧지만 평소에 꼭 해 보고 싶었던 말이다.
추석 잘 지냈니? 별이 빛나는 밤에 연필을 들었다.
왠지 네 옆에만 가면 가슴이 두근두근하고 도망가고 싶었다.
기분 탓일까?
난 빨리 키가 크고 싶다.'

–'딸에게 온 연애편지' 중에서–

[출처 : 초등6 · 중2 국어 교과서]

6) 청각적 주의집중력 향상(3단계 : junior level)

(1) 듣고 생각해서 대답하기 1

들려주는 문장을 잘 듣고 질문에 답해 보세요.

1

- 고구려의 시조는?
- 졸본의 위치는?

2

- 큰 알이 있던 장소는?
- 혁거세의 의미는?

3

- 태학의 성격은?
- 태학에서 가르친 과목들은?

4

- 화랑도가 조직된 때는?
- 화랑도는 어떻게 구성되어 있나?
- 신라가 삼국을 통일한 원동력이 된 정신은?

5

- 에밀레종의 다른 이름은?
- 에밀레종이 만들어진 때는?

6

- 청해진은 어디에 세워졌나?
- 몇 개 나라의 해상권을 주도했나?

7

- 누가 해동성국이라 칭했나?
- 해동성국이라 칭해진 때는?

(2) 듣고 생각해서 대답하기 2

들려주는 문장을 잘 듣고 질문에 답해 보세요.

1

- 달리는 어떤 사조의 작가인가?
- 시계를 통해 무엇을 표현하고자 했나?

2

- 입체주의란?
- 어릿광대의 작가는?
- 어릿광대의 모습을 어떻게 표현했나?

3

- 배색이란?
- 통일감을 주려면 어떤 배색이 좋은가?
- 온화한 느낌을 주려면 어떤 배색이 좋은가?

4

- 원기둥과 원뿔의 공통점은 무엇인가?
- 입체도형을 분석할 때 비교해야 할 각각의 구성요소들은? 위의 물음에서 언급한 것을 제외하고 두 가지를 더 말해 보라.

5

- 지름이 16cm인 원의 원주는?
- 원주율을 발견한 사람은?

6

- 주인공은 언제 할아버지댁을 방문했나?
- 할아버지댁은 어디에 있나?
- 가서 누구와 무엇을 했나?

7

- 주인공의 생일파티가 열리는 요일, 시간과 장소는?

7) 청각적 주의집중력 향상(4단계 : senior level)

(1) 듣고 생각해서 대답하기 3

들려주는 문장을 잘 듣고 질문에 답해 보세요.

1

- 호수의 위치는?
- 워셔블이 알고 싶은 것은 무엇인가?
- 워셔블의 질문에 대해 백조가 가장 먼저 한 말은?
- 이 글에서 밝혀진 존재의 가장 중요한 이유는?

2

- 워셔블의 길을 막고 선 것들은?
- 한 무리 원숭이들이 신나게 떠들고 있던 곳은?
- 워셔블에게 말을 붙인 원숭이의 특징은?
- 워셔블에게 뭐라고 물었나?

3

- 워셔블이 걸음을 멈춘 이유는?
- 워셔블이 나뭇가지에서 발견한 것의 모양을 자세히 말해 보라.
- 나비가 말한 존재의 또 다른 이유는?
- 나비가 워셔블에게 던진 마지막 질문은?

4

- 소년이 소녀를 처음 보았을 때 소녀가 하고 있던 일은?
- 소녀는 어디에 앉아 있었나?
- 소녀는 어떤 옷을 입고 있었나?
- 소년은 어디에서 소녀의 모습을 지켜보고 있었나?

(2) 듣고 생각해서 대답하기 4

들려주는 문장을 잘 듣고 질문에 답해 보세요.

1

- 붓꽃이라는 이름의 붙여지게 된 이유는?
- 아이리스의 뜻과 꽃말은?

2

- 이 시의 주요 표현 방법을 두 가지 이상 말해 보라.
- 이 시의 계절적 배경은?
- 이 시에서 일정한 위치에 반복되어 나타나는 시어는?

3

- 청각적 심상을 나타내 주는 시구는?
- 후각적 심상을 나타내 주는 시구는?
- 촉각적 심상을 나타내 주는 시구는?
- 별을 직유법을 사용하여 비유적으로 표현하고 있는 것은?
- 별들이 많이 뜬 이유를 무엇 때문이라고 생각했나?

4

- 이 시에 드러난 주된 정서는?
- 누님을 떠올리게 하는 매개물은?
- 시각적 심상이 두드러지는 시구는?
- 이 시의 정서를 뒷받침해 주는 소재들을 세 개 이상 말해 보라.

8) 인지행동적 요법을 통한 주의집중력 향상(5단계 : honor's level)

(1) 자기교시적 문제해결

소리 내어 생각한다는 것은 주어진 과제를 효과적으로 수행해 나가기 위한 방법의 하나입니다. 소리 내어 생각하기의 절차는 다음과 같습니다.

- ✔ **첫째, 문제를 파악하기**
  주어진 문제가 무엇인지를 파악하고 소리 내어 말한다.
- ✔ **둘째, 아이디어를 찾고 계획 세우기**
  문제를 해결하기 위한 방법이나 계획을 세우고 소리 내어 말한다.
- ✔ **셋째, 계획대로 수행하기**
  계획대로 행동에 옮기면서 주의해야 할 부분을 소리 내어 말한다.
- ✔ **넷째, 검토하기**
  다 마친 후에는 검토 과정을 소리 내어 말한다.
- ✔ **다섯째, 스스로를 칭찬하기**
  검토까지 마친 후에는 자신에 대한 칭찬을 소리 내어 말한다.

주머니 속에 검은 바둑돌이 2개, 흰 바둑돌이 1개 들어 있습니다. 여기서 바둑돌 2개를 동시에 꺼냅니다. 2개가 모두 검은 바둑돌이면 하영이가 이기고, 1개만 검은 바둑돌이면 철민이가 이깁니다. 누가 유리한지 알아보시오.

1. 문제 파악

(문제를 상자에 제시된 그대로 소리 내어 읽습니다.)
그러니까, 이 문제는 경우의 수를 따지는 문제구나.

2. 아이디어를 찾고 계획 세우기

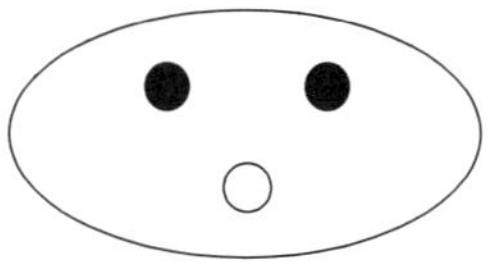

우선 그림을 그리고, 나올 수 있는 경우의 수를 색연필로 표시해 보자. 그리고 검은 돌이 하나 나올 때와 둘 모두 검은 돌일 경우의 수를 비교해 보자.
시작해 볼까.

3. 계획대로 수행하기

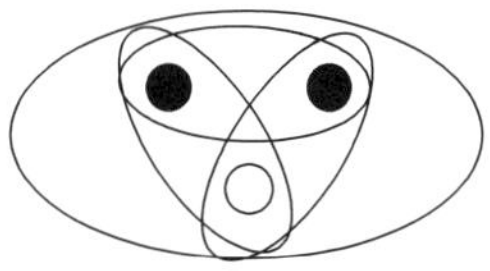

이렇게 묶어 보니까, 둘 모두 검은 돌이 나오는 경우는 한 번, 한 개만 나오는 경우는 두 번이다. 즉, 두 개 모두 검은 돌이 나올 확률은 1/3이고, 한 개만 검은 돌이 나올 확률은 2/3다. 그러니까, 철민이가 더 유리하겠네.

4. 검토하기

(문제를 다시 한 번 읽는다.) 경우의 수는 분명 세 가지이니까, OK. 철민이가 유리해. 확실해.

5. 스스로를 칭찬하기

차례대로 잘 해 냈어! 검토도 확실했지. VERY GOOD~

[출처 : 초등5 수학 교과서]

다음에 제시된 문제를 '소리 내어 생각하기' 방식을 적용해 푸는 연습을 하세요. 여기서 명심해야 할 것은 해답을 찾거나 빨리 푸는 것이 중요한 것이 아니라, 소리 내어 생각하기 절차를 성실히 밟아 나가는 것입니다.

1

똑같은 음료수 24개를 담은 상자의 무게가 6.1kg이었습니다. 상자의 무게가 0.9kg이면, 음료수 한 개의 무게는 약 몇 kg인지 반올림하여 소수 둘째짜리까지 나타내시오.

1) 문제 파악 ⇨ 2) 아디이어 찾고 계획 세우기 ⇨ 3) 계획대로 수행하기 ⇨ 4) 검토하기 ⇨ 5) 칭찬하기

2

은혜네 학교의 운동장은 8,400m^2이고, 학생 수는 700명입니다. 영호네 학교의 운동장은 6,500m^2이고, 학생 수는 500명입니다. 한 사람당 사용하는 운동장의 넓이를 비교하여 어느 학교가 더 넓은지 알아보시오.

1) 문제 파악 ⇨ 2) 아디이어 찾고 계획 세우기 ⇨ 3) 계획대로 수행하기 ⇨ 4) 검토하기 ⇨ 5) 칭찬하기

[출처 : 초등5 수학 교과서]

3

2.6m의 철사가 있습니다. 이 철사를 네 도막으로 나누려고 합니다. 철사 두 도막의 길이는 같고, 한 도막은 이것들보다 23cm 길고, 한 도막은 15cm 짧습니다. 각각의 도막은 몇 cm입니까?

1) 문제 파악⇨ 2) 아디이어 찾고 계획 세우기⇨ 3) 계획대로 수행하기⇨ 4) 검토하기⇨ 5) 칭찬하기

4

창수네 아버지의 나이는 43세이고, 창수는 10세, 형은 13세, 동생은 6세입니다. 창수네 3형제 나이의 합과 아버지의 나이가 같아지는 때는 지금부터 몇 년 후입니까?

1) 문제 파악⇨ 2) 아디이어 찾고 계획 세우기⇨ 3) 계획대로 수행하기⇨ 4) 검토하기⇨ 5) 칭찬하기

5

종환이네 모둠의 학생 16명은 오목 대회를 하기로 하였습니다. 이긴 사람은 다음 경기를 할 수 있으나, 진 사람은 탈락하는 방법으로 경기를 합니다. 우승자를 가리려면 오목 경기를 몇 번 해야 합니까?

1) 문제 파악⇨ 2) 아디이어 찾고 계획 세우기⇨ 3) 계획대로 수행하기⇨ 4) 검토하기⇨ 5) 칭찬하기

[출처 : 초등5 수학 교과서]

(2) 사고 중지법 : 생각 스스로 멈추기

숙제를 해야 하거나 공부를 해야 할 때, 집중을 방해하는 또 다른 이유는 딴 생각입니다. 딴 생각은 걱정, 염려일 수도 있고, 게임, 친구들과 노는 생각일 수도 있고, 좋아하는 만화책이나 동화책과 관련된 생각일 수도 있습니다. 이와 같은 딴 생각은 해결해야 할 과제에 집중하는 것을 방해하여, 짧은 시간에 끝낼 수 있는 일을 오랫동안 질질 끌게 만들기도 합니다.

이제부터 딴 생각이 머릿속에 떠오르기 시작할 때, 즉각적으로 '딴 생각 스스로 멈추기 법'을 사용합니다. 즉, 딴 생각이나 장면이 머릿속에 떠오르는 순간 스스로에게 '그만' 이라고 외치는 것입니다.

앞으로 교육 시간에도 선생님께서 여러분이 딴 생각으로 집중에 곤란을 보인다고 판단되는 경우에는 '그만' 이라고 외칠 것입니다. 아울러 여러분도 일상생활에서 이를 실천해 볼 것입니다.

때로는 딴 생각이 필요하고 재미있을 때도 있다구요? 물론 그럴 수 있지요. 이를 위해 조금 후에 '공상을 위한 시간을 계획하기' 를 살펴볼 것입니다.

사전 질문지

1 숙제나 공부를 해야 할 때, 자주 떠오르는 딴 생각의 내용을 기록해 보세요.(그것이 언어적인 자기 말이든, 머릿속을 스쳐지나가는 장면이든 상관없습니다.)

2 하루에 평균 몇 번이나 그런 생각을 하나요?(시간 단위로 적어도 좋아요.)

3 그런 생각을 할 때 여러분의 기분은 어떻습니까? 일상에 어떤 영향을 미칩니까?

4 그 생각이 여러분 삶에 도움이 되는 것이 있습니까? 있다면 그 이유를 설명해 보세요.

'생각 스스로 멈추기' 실천 일지

앞에서 기록한 생각을 포함하여, 숙제나 공부를 할 때 그것을 방해할 수 있는 딴 생각이 떠오르기 시작하면 언제든 '그만(stop)'을 소리 내어 말하는 연습을 하세요. 수업 시간 중이거나 소리를 낼 수 없는 상황이라면 속으로 되뇌어도 괜찮습니다. 하루에 몇 번이나 '그만'을 사용했는지, 생각을 중지시키는 효과와 집중 효과는 어느 정도인지를 매일 평가해 보세요.

날 짜										
STOP 사용 횟수										
딴 생각 중지 효과	10% 미만				50%					100%
	1	2	3	4	5	6	7	8	9	10
집중 효과	1	2	3	4	5	6	7	8	9	10

날 짜										
STOP 사용 횟수										
딴 생각 중지 효과	10% 미만				50%					100%
	1	2	3	4	5	6	7	8	9	10
집중 효과	1	2	3	4	5	6	7	8	9	10

날 짜										
STOP 사용 횟수										
딴 생각 중지 효과	10% 미만				50%					100%
	1	2	3	4	5	6	7	8	9	10
집중 효과	1	2	3	4	5	6	7	8	9	10

날 짜										
STOP 사용 횟수										
딴 생각 중지 효과	10% 미만				50%					100%
	1	2	3	4	5	6	7	8	9	10
집중 효과	1	2	3	4	5	6	7	8	9	10

(3) 자기통제적 시간 계획 : 공상을 위한 시간

시간 계획을 잘 하고 실천하게 되면 보다 계획성 있고 자율적인 생활이 가능해집니다. 우리의 공상도 이와 마찬가지입니다. 즉, 계획을 세우게 되면, 일상생활에 지장을 주지 않을 뿐 아니라 때로는 생활의 활력소가 될 수도 있습니다. 공상에는 여러분의 소망이 담겨 있는 경우도 있으니까요.

집중해서 숙제나 공부를 해야 할 때는, 앞서 실천한 '생각 스스로 멈추기'를 통해 공상이나 딴 생각을 즉각적으로 멈추세요. 그리고 하지 못하고 참아 두었던 그 생각들을 계획한 시간에 맘껏 펼쳐 보세요.

1시간에 10분으로 시작하여 2시간에 10분, 3시간에 10분 정도로 간격을 늘려 보세요. 자, 이제부터 실천해 보기로 하겠습니다.

'공상을 위한 시간' 실천하기(1단계)

나는 오늘부터 2주 동안 공상 시간을 시간당 10분으로 계획하고 지키기로 하겠습니다.

년 월 일

		월	화	수	목	금	토	일
실천 정도(10~100%)	1주							
집중 효과(10~100%)								
실천 정도(10~100%)	2주							
집중 효과(10~100%)								

실천 소감 및 평가

'공상을 위한 시간' 실천하기(2단계)

나는 오늘부터 2주 동안 공상 시간을 2시간당 10분으로 계획하고 지키기로 하겠습니다.

년 월 일

		월	화	수	목	금	토	일
실천 정도(10~100%)	1주							
집중 효과(10~100%)								
실천 정도(10~100%)	2주							
집중 효과(10~100%)								

실천 소감 및 평가

(4) 문제해결 : 결과 예측

어떤 행동을 하기에 앞서 그 행동이 어떤 결과를 가져올지 충분히 생각해 보는 것은 매우 중요합니다.

결과에 대해 미리 생각할 때, 꾸중 듣는 일과 실수를 줄일 수 있고, 위험으로부터 여러분을 보호하며, 스스로 생각을 통해 문제에 대한 더 나은 방법을 찾게 됨으로써 독립심과 자율성을 키울 수 있으니까요.

자, 이제부터 어떤 행동을 하기 전에 그 행동이 어떤 결과를 가져올지 미리 생각해 보는 것을 실천해 보기로 하겠습니다.

다음 그림을 보고 예측해 보세요. 어떤 결과가 생겨날까요?

1

2

3

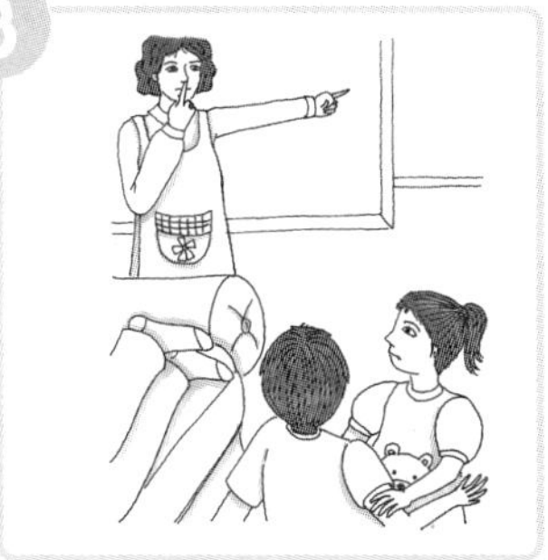

4

다음 그림을 보고 예측해 보세요. 어떤 결과가 생겨날까요?

1

2

3

4

다음 그림을 보고 예측해 보세요. 어떤 결과가 생겨날까요?

1

2

3

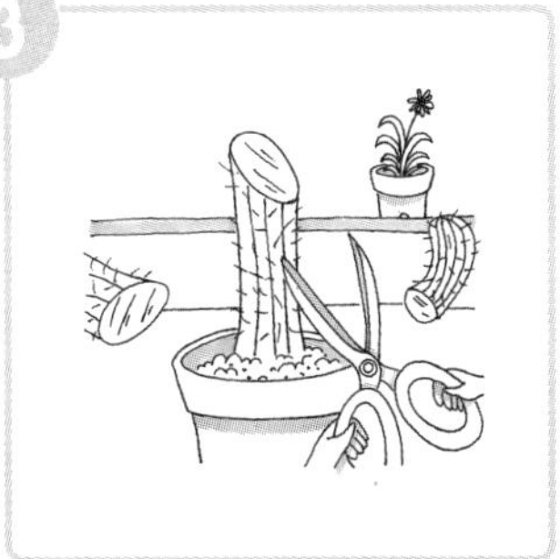

4

다음 그림을 보고 예측해 보세요. 어떤 결과가 생겨날까요?

1

2

3

4

다음 그림을 보고 예측해 보세요. 어떤 결과가 생겨날까요?

1

2

3

4

다음 그림을 보고 예측해 보세요. 어떤 결과가 생겨날까요?

1

2

3

4

'행동하기 전에 결과를 예측하기' 실천 일지

이제부터 행동을 하기에 앞서 미리 결과를 생각해 보는 시간을 갖도록 하겠습니다. 학교나 집에서 부모님, 선생님, 친구 및 동생과의 관계에서 어떤 행동을 하고 싶어지면, 속으로 10까지 세면서 그 행동의 결과가 어떨지 미리 예측해 보는 연습을 하세요.

"나는 오늘부터 2주 동안 행동하기에 앞서 그 결과를 미리 생각해 보는 시간을 갖기로 다짐하고 실천하기로 하겠습니다."

년 월 일

		월	화	수	목	금	토	일
미리 생각한 빈도	1주							
전체적인 실천 정도 (10~100%)								
미리 생각한 빈도	2주							
전체적인 실천 정도 (10~100%)								

실천 소감 및 평가

(5) 문제해결 : 원인 찾기

어떤 행동에 대한 결과를 예측하는 것만큼 그 원인을 찾는 것도 중요합니다.

어떤 행동이나 문제에 대한 원인을 파악하게 되면, 더 이상 실수를 반복하지 않게 되고, 괜한 오해를 줄일 수도 있으며, 문제에 대한 보다 나은 해결책을 찾을 수 있기 때문입니다.

만약 친했던 친구가 어느 날 갑자기 말을 하지 않는다고 생각해 보세요. 그 이유를 알고 싶은 게 당연하겠죠? 그 이유를 알았을 때(턱관절 수술로 1주일간 말을 하면 안 되었다.)와 그렇지 않을 때 마음가짐은 분명 다를 것입니다. 즉, 문제의 원인과 이유를 정확히 파악하는 것은 그 다음의 행동을 결정하는 데 매우 중요합니다.

자, 이제부터 궁금증이 생기는 문제 상황에 놓였을 때, 그 원인에 대해서 생각해 보는 것을 실천해 보기로 하겠습니다.

다음 그림을 보고 예측해 보세요. 원인은 무엇일까요?

1

2

3

4

다음 그림을 보고 예측해 보세요. 원인은 무엇일까요?

1

2

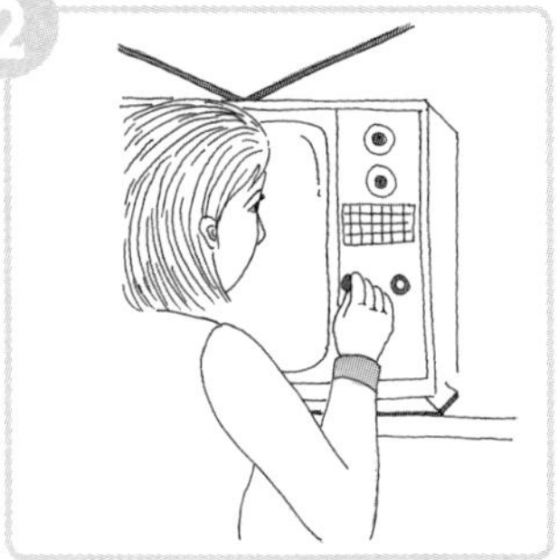

3

4

다음 그림을 보고 예측해 보세요. 원인은 무엇일까요?

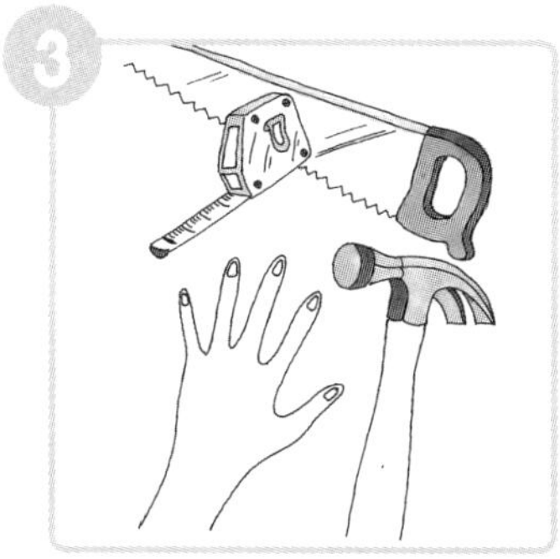

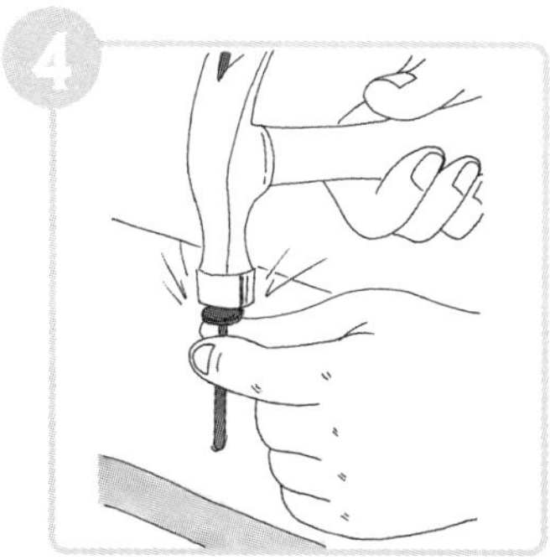

다음 그림을 보고 예측해 보세요. 원인은 무엇일까요?

1

2

3

4

다음 그림을 보고 예측해 보세요. 원인은 무엇일까요?

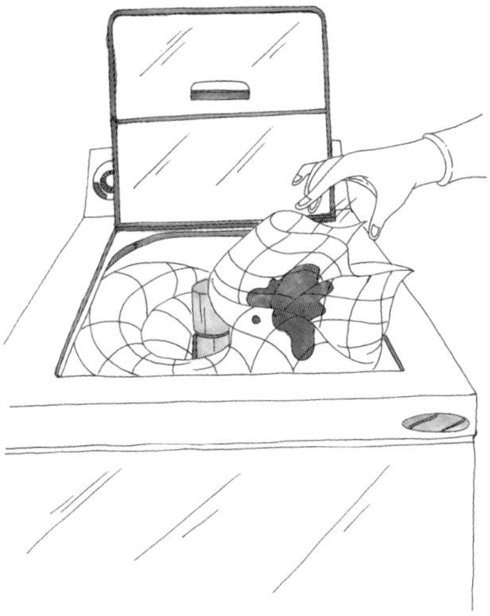

1

2

3

4

다음 그림을 보고 예측해 보세요. 원인은 무엇일까요?

1

2

3

4

'원인 찾기' 실천 일지

이제부터 어떤 상황의 원인에 대해 추측해 보는 연습을 하겠습니다. 학교나 집에서 부모님, 선생님, 친구 및 동생과의 관계에서 궁금증이 생겨나는 일을 겪었을 때, 그 원인에 대해 생각해 보는 시간을 갖도록 하세요. 생각을 통해서 원인을 잘 알 수 없을 때는 그 사람에게 직접 묻는 것도 좋은 방법입니다.

"나는 오늘부터 2주 동안 어떤 일의 원인에 대해 생각해 보는 시간을 갖기로 다짐하고 실천하기로 하겠습니다."

년 월 일

		월	화	수	목	금	토	일
미리 생각한 빈도	1주							
전체적인 실천 정도 (10~100%)								
미리 생각한 빈도	2주							
전체적인 실천 정도 (10~100%)								

실천 소감 및 평가

(6) 문제해결 : 해결책 찾기

어떤 행동에 대한 원인과 결과를 예측할 수 있다면, 그 다음 단계는 해결책을 찾는 것입니다. 원인과 결과를 잘 파악했다면, 이미 좋은 해결책을 찾을 준비는 된 것입니다.

그렇다면 좋은 해결책이라는 것은 무엇일까요?

좋은 해결책의 특징은 다음과 같습니다.

- 나에게 도움이 된다.
- 다른 이에게도 도움이 된다.
- 내 기분이 좋다.
- 다른 이의 기분도 좋다.
- 대화를 통해 이루어진다.
- 타협을 통해 이루어진다.

다음으로, 해결해야 할 문제 상황에 놓였을 때, 좋은 해결책을 찾는 시간을 갖도록 하겠습니다.

다음 그림을 보고 예측해 보세요. 좋은 해결책은 무엇일까요?

1

2

3

4

다음 그림을 보고 예측해 보세요. 좋은 해결책은 무엇일까요?

1

2

3

4
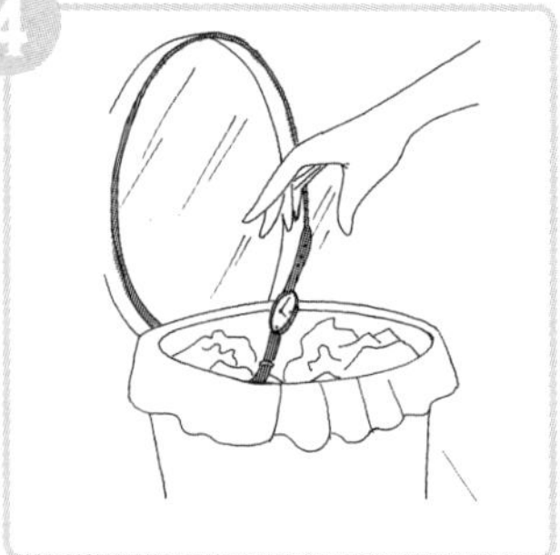

다음 그림을 보고 예측해 보세요. 좋은 해결책은 무엇일까요?

1

2

3

4

다음 그림을 보고 예측해 보세요. 좋은 해결책은 무엇일까요?

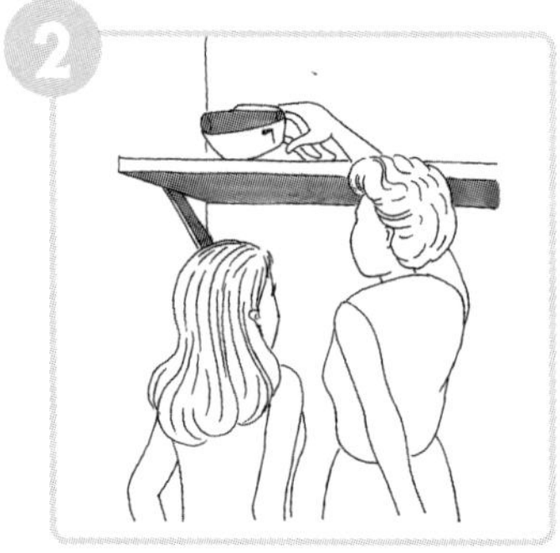

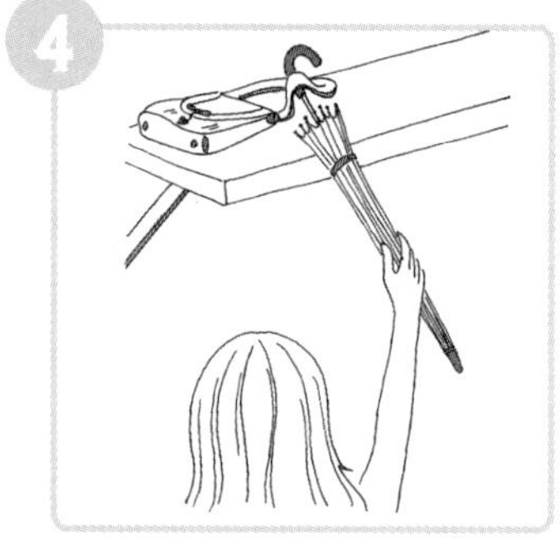

다음 그림을 보고 예측해 보세요. 좋은 해결책은 무엇일까요?

1

2

3

4

다음 그림을 보고 예측해 보세요. 좋은 해결책은 무엇일까요?

1

2

3

4

'해결책 찾기' 실천 일지

이제부터 좋은 해결책을 찾아보는 시간을 갖도록 하겠습니다. 학교나 집에서 부모님, 선생님, 친구 및 동생과의 관계에서 어떤 문제가 발생하였을 때, 좋은 해결책이 무엇일지를 생각하고 찾는 연습을 하세요. 좋은 해결책의 조건은 나와 다른 사람 모두에게 도움이 되고, 서로의 기분도 좋게 하며, 대화를 통해 또한 타협을 통해 이루어지는 것을 말합니다.

"나는 오늘부터 2주 동안 어떤 일의 해결책에 대해 생각해 보는 시간을 갖기로 다짐하고 실천하기로 하겠습니다."

년 월 일

		월	화	수	목	금	토	일
미리 생각한 빈도	1주							
전체적인 실천 정도 (10~100%)								
미리 생각한 빈도	2주							
전체적인 실천 정도 (10~100%)								

실천 소감 및 평가

(7) 문제해결 : 문제에 대한 예방

어떤 문제들은 우리가 그 원인과 결과, 해결책을 미리 파악하고 대비한다면, 발생하지 않을 수도 있습니다.

살아가다보면 시행착오를 통해 배울 수 있는 것도 많이 있지만, 생각할 수 있는 능력을 잘 활용하게 되면 불필요한 실수나 불편은 얼마든지 줄일 수 있습니다. 예방하는 것을 통해 자신이 원하는 일은 많아지게 하면서, 원치 않는 일은 줄어 나간다면 생활하는 것이 더 편안하고 즐겁고 만족스러워질 수 있겠지요?

친구들과의 싸움을 예방하는 일은 무엇일까요? 그 답을 찾아보세요. 답은 여러분의 생각 속에 자리잡고 있습니다.

다음 그림을 보고 예측해 보세요. 어떻게 하면 좋았을까요?

1

2

3

4

다음 그림을 보고 예측해 보세요. 어떻게 하면 좋았을까요?

1

2

3

4

다음 그림을 보고 예측해 보세요. 어떻게 하면 좋았을까요?

다음 그림을 보고 예측해 보세요. 어떻게 하면 좋았을까요?

1

2

3

4

다음 그림을 보고 예측해 보세요. 어떻게 하면 좋았을까요?

(8) 의사결정 : PMI

PMI(Plus-Minus-Interesting)은 본래 창의력 향상 기법의 하나입니다('사고력 향상 전략' 참조). P는 좋은점, 이점, 장점을 말하고, M은 나쁜점, 불이익, 단점을 말합니다. 이것은 어떤 문제를 해결하거나 행동을 선택할 때, 여러 가지 아이디어의 장단점을 모두 고려하여 최선의 것을 선택하도록 돕는 활동입니다.

집중 문제와 관련된 대표적인 문제 행동은 다음과 같은 것들이 있습니다. 자신에게 해당되는 것에 ✔ 표시해 보세요. 또 다른 내용이 있다면 빈칸에 적어 보세요.

- ____ 뒤로 미루기 : 꾸물거리면서 미룰 수 있는 데까지 계속 미루는 행동.
- ____ 회피하기 : 시험, 공부 등과 관련된 상황을 피함.
- ____ 딴 곳에 몰두하기 : 공부에는 집중을 못하지만 컴퓨터, 게임 등에는 몰두함.
- ____ 생각하지 않고 행동하기 : 생각하지 않고 저지르고 봄.
- ____ 말보다는 주먹 : 기분 나쁜 일이 있으면 대화보다는 주먹이 앞섬.
- ____ 쉽게 흥분하기 : 작은 일에도 금방 기분이 변하고 참기 어려움.
- ____ 반항하기 : 어른의 말씀에 따르지 않고 제멋대로 행동함.
- ____ 무계획성 : 그때 그때 마음이 가는 대로 행동함.
- ____ 쉽게 포기하기 : 끈기가 부족하여 끝까지 해 내기 곤란함.
- ____ 놀이 리더 : 노는 일에는 앞장섬.
- ____ 감초 역할 : 이일 저일에 간섭하고 참견함.
- ____ 노력 부족과 나태함 : 성실하지 못하고 게으름.
- ____ 약속 멀리하기 : 약속의 내용을 잊거나 중요하게 생각하지 않음.
- ____ 검토 불능 : 빨리 하기에 급급해서 검토하지 않음.
- ____
- ____

PMI 분석의 예

분석해야 할 행동	나는 검토하는 것을 귀찮게 여겨 실수할 때가 많다.		
대안 행동에 대한 분석			
검토하지 않는다.		검토하려고 노력한다.	
+	−	+	−
시간 절약	실수가 많다.	실수를 줄인다.	시간이 든다.
빨리 끝내고 놀 수 있다.	알고 있는 것도 틀린다.	점수를 높일 수 있다.	힘들다.
	배운 것을 쉽게 잊어 버린다.	생각하고 이해하면서 할 수 있다.	귀찮다.
		실수를 스스로 바로 잡을 수 있으니 좋다.	
		침착함을 기를 수 있다.	
새로운 결론과 나의 선택			
이렇게 분석을 해 보니, 확실히 검토하는 것이 안 하는 것보다 얻는 것이 많은 것 같다. 시간이 들고, 힘들고, 귀찮다는 이유로 검토를 하지 않으면 나만 손해다. 지금까지 왜 이것을 몰랐을까? 앞으로 검토하는 습관을 들여 보리라. (1주 토, 일에는 할머니댁에 다녀오느라고 평가를 하지 않았다. 하지만 검토라는 것이 꼭 공부나 시험에만 해당되는 것은 아닌 것 같다. 익숙하지 않아서 어색하지만, 뭔가 나아지는 것 같은 기분이 든다.)			

실천 평가 (1점에서 10점까지 평가하세요.)

	월	화	수	목	금	토	일
1주	7	6	5	6	7		
2주	8	9	7	7	7	6	6
3주	8	8	9	7	7	8	7

이제 분석이 필요한 자신의 행동에 대하여 PMI를 해 보세요.

나의 PMI 분석

분석해야 할 행동			
대안 행동에 대한 분석			
+	−	+	−
새로운 결론과 나의 선택			

실천 평가 (1점에서 10점까지 평가하세요.)

	월	화	수	목	금	토	일
1주							
2주							
3주							

나의 PMI 분석

<table>
<tr><td>분석해야 할 행동</td><td colspan="3"></td></tr>
<tr><td colspan="4">대안 행동에 대한 분석</td></tr>
<tr><td colspan="2"></td><td colspan="2"></td></tr>
<tr><td>+</td><td>−</td><td>+</td><td>−</td></tr>
<tr><td></td><td></td><td></td><td></td></tr>
<tr><td></td><td></td><td></td><td></td></tr>
<tr><td></td><td></td><td></td><td></td></tr>
<tr><td></td><td></td><td></td><td></td></tr>
<tr><td></td><td></td><td></td><td></td></tr>
<tr><td colspan="4">새로운 결론과 나의 선택</td></tr>
<tr><td colspan="4"></td></tr>
</table>

실천 평가 (1점에서 10점까지 평가하세요.)

	월	화	수	목	금	토	일
1주							
2주							
3주							

저자약력

■ **최정원**

성심여자대학교 심리학과 학사
가톨릭대학교 대학원 심리학과 석사
가톨릭대학교 대학원 심리학과 박사과정
가톨릭대학교 학생생활상담소 상담 및 임상 인턴과정 수료
계요병원 신경정신과 임상심리전문가 수련
중앙 길병원 신경정신과 임상심리전문가 수련
한국발달심리연구소 연구원
한림인지학습연구원 임상심리전문가
(현) 임상심리연구소 학습과 사랑 대표

[저서 및 논문]
학습효율성증진 프로그램(한국발달심리연구소, 2003)
학습기술개입에 관한 개관(학생생활상담, 2002)외

■ **이영호**

서울대학교 심리학과 학사
서울대학교 대학원 심리학과 석사
서울대학교 대학원 심리학과 박사
서울대학교병원 신경정신과 임상심리전문가 수련
임상심리전문가
정신보건임상심리사 1급
한국임상심리학회 회장 역임
(현) 가톨릭대학교 사회과학부 교수

[저서 및 논문]
K-WAIS 실시요강(공저, 한국가이던스, 1992)
심리학-인간의 이해(공저, 학지사, 1996)
임상심리학입문(역서, 학지사, 2001)외 다수

학생용 워크북

학습치료 프로그램
주의집중력 향상 전략 ②

2006년 8월 30일 1판 1쇄 발행
2021년 2월 25일 1판 10쇄 발행

지은이 • 최정원 · 이영호
펴낸이 • 김 진 환
펴낸곳 • (주) 학지사
04031 서울특별시 마포구 양화로 15길 20 마인드월드빌딩 5층
대표전화 • 02) 330-5114 팩스 • 02) 324-2345
등록번호 • 제313-2006-000265호

홈페이지 • http://www.hakjisa.co.kr
페이스북 • https://www.facebook.com/hakjisabook

ISBN 978-89-5891-352-8 94370
978-89-5891-350-9 (set)

정가 6,000원